Las Fallas

Carles Cano

Roser Calafell

laGalera

La fallera mayor de pies hechos polvo es Roseta.
Y el que corre a su lado, Tonet, el presidente.
Infantiles, por supuesto, de una falla pequeña.
Llegan tarde a la Crida, hay tanta gente...
—¡Valencianos, falleros, amigos todos,
aquí nadie es forastero!

Oyen qué ha dicho la fallera mayor de la ciudad
desde lo alto de las Torres de Serranos.
¡Y la gente aplaude y canta llena de felicidad!
¡Han empezado las fiestas, todos se sienten hermanos!
¡Cuánta alegría e ilusión, cuánta fiesta y emoción!

La comisión a por el ninot se ha acercado.
Este año tampoco ha habido suerte.
Pobre, tan bonito y no lo han indultado.
No pasa nada, bailan y cantan fuerte.
En las calles hay jaleo, música y falleros.

—Ay, que no llegamos, este artista nos matará... Las doce de la noche y aún no ha aparecido. ¡Esto no puede ser, esta noche es La Plantà!

—No sufráis. Se plantará, no quiero a nadie dormido —dice el artista, que grita, protesta y pinta, y a las ocho ¡falla lista!

De buena mañana, música y truenos: la Despertà.
Lo que más le gusta a Tonet, hacer ruido a manta.
Y a Roseta, lo que viene después: la xocolatà.
Aún no se ha acostado, no sabe ni cómo aguanta.
¡Chocolate a la taza con buñuelos de calabaza!

¡A las dos, todos a la plaza del Ayuntamiento!
¡Como cada día, desde el uno de marzo, Mascletà!
¡Esto es la guerra! ¡Cómo tiembla el pavimento!
¡Cuánto petardo, qué de truenos, qué barbaridad!
¡El ruido sube y sube, mientras el cielo se llena de nubes!

La chiquilla impresiona, lleva su mejor traje.
Por la tarde es la ofrenda de flores a la patrona.
Tonet no se queda atrás, es todo un personaje.
Al entregar el ramo, Roseta tiembla y llora.
Es el acto más emotivo, ¡y también el más olfativo!

Por todas partes hay fiesta, mercados, conciertos.
Las plazas y las calles rebullen de llenas.
Una multitud pasea, visita los monumentos
y ríe con la crítica que lee en las cartelas.
¡De eso nadie se escapa, ni el político,
ni la más guapa!

¡Es la Nit del Foc y Roseta ya no puede más!
Los zapatos, tan bonitos, la están matando.
—¡Mira qué ritmo, qué colores, qué palmeras!
—dice Tonet, ante el castillo de fuegos, asombrado.
El cielo se llena de colores, anuncian
la primavera, las flores.

Esta noche acaba todo, es La Cremà.
Primero la falla infantil y después la grande.
Roseta llora como una Magdalena;
Tonet, también. Se abrazan viendo cómo arde.
Es un rito de purificación: lo viejo se quema,
viene la renovación.

Roseta, agotada, llega descalza a casa.
—¿Y los zapatos que hacían juego con el vestido?
—dice su madre, frente arrugada, manos en jarras.
—Ya estaba harta de sufrir, al fuego han ido.
Todo lo malo se quema, con alegría, sin pena.

Primera edición: febrero de 2015

Diseño y maquetación: Estudi Claris
Edición: David Monserrat
Coordinación editorial: Anna Pérez i Mir
Dirección editorial: Iolanda Batallé Prats

La Galera, SAU Editorial
Josep Pla, 95 – 08019 Barcelona
www.lagaleraeditorial.com / lagalera@lagaleraeditorial.com
facebook.com/editoriallagalera twitter.com/editorialgalera

ISBN: 978-84-246-5464-1
Impreso en Cachimán
Rec del Molinar, 6. 08160 Montmeló

Depósito Legal: B-516-2015
Impreso en la UE